大人的煩惱
由兒童記者來解答吧！

王蘊潔 譯

龜岡兒童新聞 著

吉竹伸介 繪

前 言

大家好，我們是兒童記者。

京都有一個名叫龜岡的地方，我們在這裡推出了一份報紙「龜岡兒童新聞」。常見的「兒童新聞」都是報社針對兒童讀者所編製的，屬於「大人編寫，小孩閱讀」的情況；我們的報紙很特別，是「由小孩撰寫，給大人看」！其中，專門由小孩子為大人解決煩惱的諮詢專欄，最受歡迎。

這本書蒐集了許多這個專欄的問答。整本書都是滿滿的煩惱，到底誰會買這種書啊？

我們經常收到大人們寄來的諮詢信，而我們總會在放學後集合，一邊吃著零食，一邊七嘴八舌地討論這些大人們的各種煩惱。令我們驚訝的是，一直以為大人沒什麼煩惱，沒想到竟然有這麼多。

不，應該說，大人的煩惱也未免太多了吧！

我們收到很多關於「工作」、「育兒」、「身材」、「金錢」等各式各樣的問題。大人有這麼多煩惱，真的沒問題嗎？有這麼多煩心的事，當然會禿頭，也當然會因為壓力導致皮膚變差啊！

大人不需要這麼煩惱吧？因為有很多是即使煩悶，也沒辦法解決的事。而且如果大人陷入絕望，小孩子也不想成為大人了。

希望大人可以活得更開朗，更有活力！

其實我們小孩子也有很多煩惱啊！像是老師很煩；爸媽也很煩；成績一直沒有進步；換座位時，剛好遇到討厭的同學坐在旁邊；書包重得要死，腰都快扭到了……

我爸爸每天早上走出家門時，都一臉厭世的表情說：「真不想去上班！」晚上回家時，臉上的表情更是臭到了極點。這樣的爸爸竟然可以若無其事地對我說：「要去上學！」「要好好讀書！」「人有夢想很重要！」這種話。

大人總是說一套，做一套，根本言行不一嘛！

老師也說：「不可以在走廊上奔跑！」但上次看到他自己從老師辦公室衝出來。真是太令人火大了！但是，這些想法千萬不能告訴別人喔～～

第1章　小孩子為什麼會這樣？

第2章　戀愛、愛情和婚姻，到底是怎麼回事？

第 **3** 章　　**很難不去注意自身的狀況**

第 **4** 章 即使變成了大人，仍然有很多不懂的事。

同場加映

小驚喜

小孩子為什麼會這樣？

Q UESTION

兒子開始罵我「死老太婆」，
這會愈來愈常見嗎？

\ 有話  要說 /

我兒子目前讀國中一年級，
上次罵我「死老太婆」時，聽了超傷心的。
類似的情況，會越來越頻繁嗎？

中學生都是死屁孩，所以當然會罵大人「死老太婆」啊！

就是啊！

NSWER

　　沒錯，絕對會越來越常見！因為媽媽真的就是「死老太婆」。只不過媽媽在某些方面還是很親切，所以平時是「老太婆」，偶爾才會變成「死老太婆」。

　　妳是不是會經常問兒子「功課寫好了嗎？」或是叫兒子，一下子做這個，一下子做那個，提出很多不一樣的要求？如果總是這樣，百分之一千會被罵死老太婆喔！

QUESTION

既然很喜歡，為什麼不肯練習呢？

\ 有話  要說 /

我兒子在學鋼琴，但在家裡從來不練習，
於是我就說：「既然這樣，那就乾脆不要學好了！」
沒想到他竟回答：「我喜歡鋼琴，我想要學。」
既然喜歡，為什麼不練習呢？
我完全無法理解他的想法。

妳自己還不是一樣，
只喜歡身材苗條，
但討厭減肥嗎？

ANSWER

　　我很喜歡棒球，所以加入了少年棒球隊；但我在家時，從來都不練習的。我媽媽說：「既然你喜歡棒球，也加入了少棒隊，那就要多練習啊！」

　　為什麼大人覺得「喜歡」＝「練習」呢？如果是「想要進步」＝「練習」還能夠理解。而且大人和小孩的標準，根本不一樣。即使小孩子覺得「已經充分練習了」，但是以大人的標準，就會覺得「完全沒練習」。真的太氣人了！

　　所以很不想聽到「趕快去練習」、「既然不練習，乾脆別學了」這種話。如果我們不喜歡了，自然就會放棄。

　　就讓我們自己決定嘛！

QUESTION

該如何與青春期的兒女溝通？

\有話 要說 /

正就讀高中的女兒，最近完全不和我說話。
不管問她什麼，只會回答：「還好！」「沒有啊！」
如果多問幾句，就會很不耐煩地說：
「有夠囉嗦！」「煩死了！」
前幾天竟然還說出：「白痴喔！去死啦！」
該如何與青春期的兒女溝通呢？

大人真是很那個……

你們自己也好不到
哪裡去！

Answer

　　面對青春期的孩子，在他們主動開口之前，最好不要管他們。此外，也可以用禮物吸引他們，或是一起去釣魚。交流比談話更重要。不妨和孩子一起去他們喜歡的地方，轉換心情。如果小孩子對大人說：「白痴喔！去死啦！」在他們反省之前，把他們關在房間裡，或是暫時不要煮飯給他們吃。

　　問題在於，青春期的孩子為什麼會覺得父母很煩？因為他們覺得，明明已經回答父母的問題，但被還沒完沒了地追問。再加上在這之前就覺得父母很煩，日積月累，一下子爆炸了。像是明明本來就想去寫功課的，結果聽到大人囉嗦：「趕快寫功課！」當然會不耐煩。

　　話說回來，我小學四年級就不再對父母呃嘴或發飆了；都已經是高中生了，還停留在這種程度啊？真不長進！總之，最好的方法就是「不要管他們」。青春期遲早會結束，他們也會成長的。

QUESTION

即使叫兒子「趕快把電視關掉」，他每次都充耳不聞。

我五歲兒子的耳朵，應該是沒問題。但每次對他說：「快把電視關掉！」「快吃飯！」「要出發了！」他完全都聽不到。

我說了好幾次，最後忍不住大聲吼，他才「嗯」一聲。

但是如果說「有點心」、「今天出去吃飯」時，他一次就聽到了。

當我偷吃糖果時，他耳朵就特別靈光，還會問我：「剛才是什麼聲音？」

小孩子的耳朵構造和大人的難道不一樣嗎？真是太奇怪了。

ANSWER

八成是故意的！我家奶奶發現狀況對她不利的時候，就會裝糊塗。

不想回答時，
聲音就會變小，
爸媽應該聽不到吧！

是啊！
明明就已經回答了。
只不過是在心裡回答。

 \ 悄悄話 /

上學的路上遇到大人時，有些大人會向我們打招呼，有些不會。雖然覺得會向我們打招呼的大人是好人，但也可能是壞人想要裝好人。所以，就要多長心眼，繼續好好觀察。

QUESTION

到底該送孩子去托兒所？
還是幼兒園？

\ 有話 要說 /

我一直非常苦惱，
不知道該讓孩子去讀全天的托兒所？
還是乾脆辭掉工作，
讓孩子讀只有半天的幼兒園？

A NSWER

托兒所派

絕對要送托兒所啊！因為終於可以逃離囉嗦大人的魔爪了！而且托兒所的老師，會設計不同的遊戲，小孩子可以更快地成長。

我以前也讀托兒所，有時媽媽很晚還不來接我，讓我超生氣。但即使是小孩子，也知道「媽媽在努力工作」。

幼兒園派

我覺得有些事，小孩子只能在家裡學到。像是，和兄弟姊妹一起玩，或是幫忙做家事之類，就屬於這種情況。

所以，我認為早一點放學回家會比較好。而且我覺得幼兒園比起托兒所，應該會有更多漂亮的老師。

\ 悄悄話 /

媽媽花很多時間，看了很多廣告傳單，然後說，松本清藥妝店的東西較便宜、去 FRESCO 超市買東西較省錢。我搞不懂為了省十圓，需要花這麼多時間嗎？把這些時間拿去打工，不是能賺更多錢？

QUESTION

不要再把西瓜蟲，
放在口袋裡了！

\ 有話 　 要說 /

小孩子為什麼那麼喜歡昆蟲？
經常有西瓜蟲從他們的口袋裡爬出來。
真希望他們別再把莫名其妙的蟲子帶回家了。

我在門外放了「昆蟲箱」，
把昆蟲放在裡面，
不要帶進家裡！

喔，好啊！
我可能會使用兩次吧！

Answer

女生　「我也這麼覺得。都是男生啦！他們才會把蟲子帶回家。真的超噁心！也完全搞不懂他們在想什麼？如果帶石頭回家，還能夠理解。」

男生　「不是啦！我們是覺得爸媽會很開心，所以想帶回家給他們看。搞不好你家的孩子以後會成為昆蟲博士，所以就不要太計較了。」

　　……所以呢，最好請學校的老師在課堂上叮嚀：「不可以把西瓜蟲帶回家。」校長說話太囉嗦，大家都懶得聽，所以請班導師叮嚀比較好。

　　另外，也可以為小孩子準備裝西瓜蟲的容器。不過，把西瓜蟲帶回家，實在太可憐了，還是讓牠能夠回到大自然吧！

為什麼小孩子都喜歡大便？

雖然不知道原因，反正就是很喜歡大便。因為每次只要討論大便的事，都會討論得很熱烈。大人應該也很喜歡大便吧！

小孩子打架時，
大人應該不要干涉嗎？

我有兩個兒子，分別是兩歲和四歲，都很調皮，整天打架，我不知道該怎麼辦！如果對其他小朋友也動手動腳……我忍不住為以後擔心。年幼的孩子打架時，大人不要干涉比較好嗎？

就讓他們打到死為止吧！因為如果他們還沒有打過癮就被迫停止，心裡會覺得「改天還要繼續打！」所以，就讓他們打到自己不想打為止。

QUESTION

五歲的女兒完全不聽話。

\ 有話 要說 /

即使是冬天，洗完澡也不穿衣服。
吃飯的時候，還沒吃完就跑去玩了。
晚上不想睡覺，早上又不肯起床。
不管罵了多少次，她還是改不了。

這種程度的不聽話，
就睜一眼，閉一眼吧！
長大之後，人生在各方面都很辛苦，
就讓她小時候多隨心所欲一下吧！

NSWER

　　市面上不是有一種，請魔鬼打電話到府的服務嗎？要不要考慮用這種服務嚇唬她呢？

　　小孩子就是這樣，父母只能接受現實，這也是對父母的考驗。

　　而且，是父母過度想要控制小孩配合自己吧？但我們又不是機器人。不需要為這種小事操心吧？如果她長大之後，洗完澡還是不穿衣服，那才是真正有問題呢！

QUESTION

為什麼現在的小孩子
都不愛走出戶外？

\ 有話  要說 /

喂，小孩子不要整天窩在家打電動啦！
要走出戶外，多接觸大自然。
在戶外也可以玩各種遊戲啊！
更要試著與不同的人多互動才是。

ANSWER

因為在戶外玩，會遇到很多危險啊！學校的老師也叮嚀我們，不要常常在外面玩，只能待在安全的地方。我們也很想去很多地方探險，玩個痛快，但就是沒辦法嘛！

既然大人這麼希望我們在戶外玩，那就負起責任，為我們打造一個安全的世界。

而且你提出的這個問題，根本不算是煩惱吧！

聽說中老年人才要經常曬曬太陽喔！

小心路上的車子。

QUESTION

女兒讀小學五年級，
最近都不跟我說話了。

我只是打開女兒房間的門，向她打招呼：「我回來了。」她就叫著：「爸爸不要進來。」吃飯的時候和她說話，她也只回答：「還好」、「沒事」。週末邀她一起出門走走，如果不說好要買衣服給她，她就不願意和我一起出門。即使說要買衣服給她，她也有一半的機率不願跟我出去。

想當初她還小時，整天叫著「爸爸、爸爸」……她和媽媽的關係很好，這也讓我很羨慕。雖然我知道以她目前的年齡，這也是無可奈何的事，但怎樣才能夠讓我和女兒之間的感情變得更好呢？

Answer

我也和我爸爸保持距離。雖然我並不討厭爸爸，但還是覺得他超煩的。都已經刻意保持距離了，如果爸爸還一直想要黏過來，真的會覺得超討厭！

假設想拉近和小孩之間的關係，就暫時先不要管他們，孩子會漸漸發現爸爸很重要，是無可取代的人。你一定整天圍著她打轉，所以女兒才會覺得你很煩。

現在的父母總是整天對孩子噓寒問暖，實在太呵護了，所以小孩才會覺得「很煩、煩死人了」。不要一直沉浸在往日的回憶中，或許該趁早學會對小孩放手。唉，真的好煩喔！

我，就是這樣啊！

UESTION

· ·

我女兒才五歲，
就經常抓我的語病。

· ·

最近我在叮嚀女兒或是罵她的時候，她都會頂嘴，並指出我說話前後矛盾的地方。

「媽媽，我聽不懂妳在說什麼？」「媽媽，妳自己還不是這樣？」「妳剛才沒這麼說！」每次都讓我無言以對。

我希望自己成為一個在重要時候，可以硬起來的媽媽，並霸氣地對她說：「不行就是不行！」但是，她完全不受控……

要小孩子做大人自己也做不到的事，
小孩子當然不可能接受啊！

如果有什麼好處，
倒是可以考慮看看。

Answer

我們認為最大的問題，就在於父母自己本身「言行不一」。

這真的是一個大問題！大人應該去瀑布下沖一沖，好好檢討自己，洗心革面。

即使想要強迫小孩子做什麼事，小孩子也絕對不會聽父母的擺佈的。

\ 悄悄話 /

校長說話為什麼總是喜歡長篇大論？無聊死了！

33

Column 十個「明智龜丸在哪裡？」

龜岡兒童新聞的「『明智龜丸』在哪裡？」是很受歡迎的活動，
要在報紙上，找出大約只有一毫米大小的小龜丸。
這次，特別邀請龜丸也出現在本書當中！
龜丸的生日是十月，所以躲在本書中的十個地方，
請大家睜大眼睛找找看。（答案在 67 頁）

明智龜丸

　　天正元年（1573 年）10 月 23 日，在丹波龜山出生。天正 6
年（1578 年）左右，明智光秀將軍建造了丹波龜山城。光秀將
軍的女兒・玉子，不慎跌落護城河時，住在護城河裡的「烏龜」
救了將軍女兒一命。光秀將軍感激不已，於是請那隻「烏龜」當
他的家臣，取名為「明智龜丸」，疼愛不已。

　　慶長 15 年（1610 年），藤堂高虎藩主在丹波龜山城建了五
層樓的天守閣，但明治 11 年（1878 年），遭到新政府拆除。當
時的護城河，就是目前的「南鄉池」，龜山城的遺跡只剩下「石
牆」。

　　城主去世後，「明治龜丸」仍然以龜殼為頭盔，勤於練習
武道，守護著丹波龜山城跡。（摘自龜岡市官網）

※ 提示：13 頁、27 頁、38 頁、50 頁、52 頁、63 頁、83 頁、93 頁、96 頁、117 頁。

第 **2** 章

戀愛、愛情和婚姻，到底是怎麼回事？

QUESTION

女朋友向我攤牌，逼我和她結婚，我為這件事很傷腦筋。

今年 31 歲，女朋友很想結婚，但我覺得結婚好像沒什麼好處。即使我繼續在目前的公司上班，未來應該也加不了多少薪水。而且可以想像，一旦生了孩子，開銷就會越來越大。

女人可以在結婚後辭職，專心相夫教子，但男人沒有這種選項，我覺得很不公平。雖然我知道有人選擇當家庭主夫，但我很在意朋友和周圍人的眼光，而且我的自尊心也不允許這麼做。

結婚後變成廢物的男人……

即使不結婚，
也是個廢物吧！

ANSWER

　　看了自己的爸爸和媽媽，覺得不結婚可能比較輕鬆。因為媽媽整天說：「早知道不該嫁給那個傻瓜。」

　　但是，我們覺得家庭主夫一點也不奇怪，這樣的社會應該成為主流。你可以努力成為家庭主夫，成為大家口中的「主夫男子」，走在時代的最尖端。

　　你說，即使結婚也沒什麼好處，但什麼是你認為的好處？你認為一輩子都一個人，就這樣變老會怎麼樣呢？你不怕孤獨死嗎？

　　既然有人想和你結婚，不把握機會未免也太可惜了！不要浪費眼前的機會，繼續說這種蠢話了！

QUESTION

我太愛偶像了，無法對
現實生活中的男生產生興趣。

\ 有話　　要說 /

偶像會充分發揮自己的獨特魅力，
呈現在粉絲面前，所以看了賞心悅目。
我喜歡不少傑○斯的偶像，
但也許是因為這個原因，
對現實生活中的男生要求也變高了。

Answer

對現實生活中的男生，無法產生興趣？這有點不太妙吧？因為每個人都生活在現實生活中。而且那些英俊瀟灑，各方面都很厲害的人，絕對有某些見不得人的部分，所以還是勸你趁早放棄。

雖然帥哥很賞心悅目，但內在美比外在美更重要。你到底想怎麼樣？還想要喜歡現實生活中的男生嗎？如果是這樣，就應該好好面對現實。

雖然我考試成績很差時，也很想逃避，但我們認為現實是很重要的。你不妨先和現實生活中的男生聊聊天，或是站在十字路口正中央，好好觀察真實生活中的男生。

\ 悄悄話 /

媽媽似乎比爸爸更喜歡韓流明星，每次看 DVD 時，都不停地說：「好帥，好帥！」韓流明星的確很帥，但拿爸爸和他們比，爸爸會不會太可憐了？

UESTION

朋友喜歡的人，

沒想到我也喜歡上他。

\ 有話  要說 /

原本是想要為朋友的愛情助陣，

於是就和朋友喜歡的對象成為朋友。

沒想到……我該老實告訴我的朋友嗎？

雖然我覺得喜歡上一個人，沒有先後之分，

但總覺得有點心虛。

這種情況下，
那個男生十之八九，
會選擇你的朋友。

這也是一種學習囉！

- -

　　我們認為人心是自由的，所以如果愛上了同一個人，這也是無可奈何的事。只不過如果發生了這種情況，就要說清楚、講明白，因為對方是你的朋友。

　　對你來說，朋友很重要，不是嗎？如果隱瞞，朋友應該會很傷心。無論戀愛還是友情，最好都要開誠布公。

- -

\ 悄悄話 /

我們覺得大人都想太多了，所以頭髮才會越來越少，甚至有的人頭都快禿光了。

戀愛到底是怎麼回事？
我越來越搞不懂了。

A
N
S
W
E
R

我們認為這種搞不清楚的感覺，就是戀愛，所以才會戀愛。

戀愛和愛到底有什麼不同？

每次拒絕男友的要求，他就會問：「你根本不愛我吧？」戀愛和愛到底哪裡不一樣呢？

單身時代稱為「戀愛」，一旦結婚就變成「愛」。「戀愛」很短暫，但「愛」可以很持久。不是經常有人說：「稍縱即逝的戀愛」、「短暫的戀情」。而「愛」可以是「永恆的愛」，所以戀愛很短，但愛可以維持很久。

QUESTION

我很擔心自己再禿下去，
不會有人想嫁給我。

\ 有話  要說 /

我三十出頭，目前單身，
但頭髮越來越少，已經可以看到頭皮了。
我試過各種方法，但沒有太大效果。
國外很多男明星，即使禿頭也很有型，
但我覺得自己好像不太適合。

重點在於財力、財力！

只要財力夠，禿頭照樣有人愛。

A NSWER

聽說吃海帶有助於生髮。如果頭髮還是長不出來，可以把海帶戴在頭上啊！有點禿，卻沒有完全禿光的感覺，最不好了。如果頭髮已經少得可憐，乾脆剃光，變成光頭也不錯。

你認為結婚前的禿頭和婚後的禿頭，哪一個更罪大惡極？結婚前就禿頭，對方是在知道你是禿頭的情況下和你結婚，等於有了免死金牌。

QUESTION

婚活聯誼讓我覺得好累，
搞不懂為什麼非結婚不可？

我是坐三望四的熟女，希望另一半能賺得比我多，至少年收入要和我差不多。年紀比我大五歲以內都沒問題，即使離過一次婚，只要沒有孩子，我也 OK。

至於外貌……我並沒有太多要求（如果不是禿頭當然更好），只要看起來乾乾淨淨就行。我雖然可以和這樣的對象約會，但並沒有很想結婚。不過，還是想要有孩子……

ANSWER

· ·

即使沒辦法符合你所有的要求，只要符合三項，就已經很好了啊！你的問題根本出在，要求太高了！

我爸爸是禿頭，還很胖，條件很差，我媽媽也說：「因為找不到更好的，才會嫁給爸爸。」

所以你就不要太挑剔了啦！

· ·

＼悄悄話／

我完全不想長大！因為我覺得長大好像一點都不好玩。我經常聽到爸爸在出門上班前抱怨：「上班真的很沒意思。」我阿嬤也說：「老了沒一件好事，像你這樣的年紀最幸福了。」

UESTION

孩子未來的生活，
總是讓我擔心不己。

\ 有話  要說 /

我女兒說，要和沒有穩定工作的男朋友結婚。
現在他們生活有問題，我們還可以接濟他們，
但很擔心我們死了之後，他們的生活怎麼辦。

Answer

所謂的有穩定工作，是指在公司上班嗎？但現在時代已經不同了，很多人是自由業，也都結婚有了家庭，所以我覺得這根本不是什麼大問題。

會有這種煩惱，就代表你已經落伍了。現在已經是數位化多元工作的時代，你到底在說什麼啊！？

最重要的，是你必須瞭解未來女婿的魅力在哪裡，然後再判斷這樣的生活方式好不好！

\ 悄悄話 /

身為家裡的長子或長女，總是很辛苦。弟弟或妹妹不但愛哭，而且有事沒事就跑去向爸媽告狀，真是太令人火大了！爸媽每次都覺得我們好像很不乖，真是氣死人！

QUESTION

分享一下有異性緣的秘訣。

\ 有話 要說 /

我是四十五歲的男人，
目前仍然單身，所以很著急，
想趕快找到女朋友結婚。

Answer

　　我們也沒有異性緣，所以沒資格說什麼。但是那些桃花滿滿的人，真的讓人很火大，甚至還偷偷罵過他們：「有男女朋友的現充者，去死吧！」只不過即使做這種事，也沒辦法讓自己的桃花運旺起來。

　　曾經聽人說，想要有異性緣，就要努力做到七個在日文中用 K 開頭的事，簡稱為 7K。7K 就是有型、聰明、不髒、不臭、會說話、懂得察顏觀色，不和別人比較。即使無法完全做到 7K，也可以努力。

　　另外，你已經四十五歲了，會不會還想追二十多歲的年輕美眉呢？要找同樣四十多歲的女生才行啦！如果實在找不到女朋友，不結婚也沒關係啊！現在這個時代，單身生活反而更輕鬆。

\ 悄悄話 /

大人經常說：「這對將來有幫助，所以要好好努力！」但我根本不知道怎麼有幫助，所以也沒有動力去努力。

男朋友很囉嗦，能不能和他
繼續走下去，我沒信心。

比方說，他會說什麼「不要看到沙發就躺！」、「你的裙子太
皺了！」、「不要邊走路邊刷牙！」、「你的皮包拉鍊都不
拉好！」幾乎什麼都要管。
他認為「一件事做不好，就什麼事都做不到」。和他在一起時，其
他方面都很開心，所以讓我很苦惱。

那個傢伙太小鼻子小眼睛了。

你說覺得和他在一起很開心，絕對只是你的一廂情願。

有道理！

Answer

簡直就像媽媽一樣！這種人百分之十萬超煩！！！！

妳男朋友到底在搞什麼啊！？趕快離開這種人啦！不然他會一直囉哩叭嗦個沒完。說完理想的家，又會開始說小孩子的教育方針……到時候會被他逼到發瘋。

不然，你也可以以毒攻毒，也整天說他：「你怎麼毛都不刮乾淨？」、「你身上有老人味！」讓他體會一下被人碎唸的痛苦。

QUESTION

我太太想讓孩子考明星小學，這麼小就需要開始讀書嗎？

　　我太太說「不要輸在起跑點上，以後就輕鬆了！」所以每天要求孩子讀書，但我對三、四歲的孩子就要開始讀書這件事存疑，我覺得這個年紀的小孩，只要玩得開心就夠了。但是，我每次這麼說，我太太就很生氣地反駁說：「那什麼都不教他，就讓他自生自滅嗎！？」我覺得等小孩子懂事之後，再讓孩子決定自己的未來就好……。

Answer

你太太的問題很大喔！我們覺得剝奪小孩子自由的人，全都是壞人。

父母不需要為小孩子決定很多事，其實小孩子會自己做決定。

如果你家小孩真的很愛讀書，那當然沒問題，讓他考明星小學也很好；但如果你家小孩並不喜歡讀書，那就未免也太可憐了。

「書讀得夠用就好」，不需要小學就報考明星學校。父母一廂情願地為小孩子規劃所謂的菁英路線，反而很多時候會害了孩子。

請把自由還給小孩吧！到底是在搞什麼啊！？

\ 悄悄話 /

我爸爸也管很多，就連我出門要穿什麼衣服都要干涉，超煩的！真希望他能把選擇的自主權還給我。

QUESTION

我老公不肯坐著尿尿，
實在太令人火大了。

我老公每次尿完之後，都會把馬桶周圍弄得很髒，所以想要他趕快改正。但他都睜眼說瞎話，說什麼「根本沒髒！」
如果他想站著尿尿，尿完之後擦乾淨當然沒問題，但問題就在於，他不會這麼做。讓人太火大了！

那就用老公的襯衫擦馬桶，不就解決了嗎？

ANSWER

那就把廁所擴建，裝一個像公共廁所那樣的小便斗，應該就能解決了。

但家裡恐怕沒這種閒錢吧！最近經濟不景氣，大家收入似乎也減少了……不然，就把廁所的天花板壓低一點，逼他必須坐著才能上廁所。

QUESTION

我老公不肯做家事，
全都落在我一個人頭上，
該怎麼辦？

我是三十八歲的職業女性，一回到家裡，家事都是我一個人做。
雖然所有的家事都列在清單上，也說好要一起分擔，但因為
我老公都不做他該做的事，我只好全都攬下來。

已經溝通過好幾次，每次都故態復萌。假日的時候，他就負責陪孩
子玩，其他媽媽都覺得他是個積極參與育兒的好爸爸，讓我越想越
火大。

只能妥善運用誇獎和
訓斥的方法。

就像訓練小狗一樣。

既然已經決定了分工，在他做自己的份內事之前，絕對不要代替他完成。因為這是你們溝通決定好的事。學校的老師也常常說：「已經決定的事，就要負起責任完成。」所以即使家裡亂得像狗窩，在他動手做家事之前，絕對不要幫忙。

基本上，人都只會做對自己有好處的事，不妨想一想有什麼好處可以讓他願意做家事。如果他每個月都要向你拿零用錢，就可以增加零用錢的金額。總之，可以動動腦筋。

媽媽常常說：「男人很單純，多稱讚他，他就願意做事。」還有另一種方法，就是你們夫妻一起努力賺錢，然後找幫傭來家裡打掃，就可以解決啦！

QUESTION

....

夫妻之間的「愛」是什麼？

....

\ 有話 要說 /

最近我有點搞不清楚，
自己是否仍然喜歡著老公？
還是對他只剩下執著？
雖然我應該沒有討厭他……

A NSWER

我連女朋友都沒有，所以也搞不清楚。但我想，關鍵還是要看自己是喜歡還是討厭。如果仍然喜歡，就繼續在一起，否則乾脆離婚。

人生只有一次，忍耐是浪費時間，既然不喜歡，就乾脆分開吧！也許還有機會可以迎接另一個有趣的人生。再拖延下去，只會越來越老，走路也搖搖晃晃，根本沒力氣談戀愛了。

\ 悄悄話 /

大人總會在年中或是年終送禮。與其送肥皂或是清潔劑，倒不如送吃的還比較好。

Q UESTION

....

我和老公話不投機，
怎樣才能讓夫妻生活更快樂？

....

\ 有話  要說 /

即使我主動找他說話，
他也只是心不在焉地「嗯」一聲，
根本沒辦法聊下去。
但他會很開心地主動找孩子聊天，
所以看了更加生氣。

Answer

我爸爸在家也很少說話。媽媽經常生氣地對爸爸說：「你倒是吭氣啊！」我覺得爸爸好可憐。

爸爸可能只是不想說話，或是覺得沒必要說什麼。因為如果他想說話，不就會主動說了嗎？

既然不說話，就代表不喜歡說話，或許可以改用筆談或是傳LINE的方式看看。

\ 悄悄話 /

每次只要別人睡懶覺，媽媽就超生氣；但自己睡過頭時，就會找很多理由。

龜岡充滿活力

魅力百分百？

車站附近就有一個足球場，可以在足球場的牆壁練習攀岩。還會有滑翔傘從天而降，可以在名為保津川的河裡漂流。這裡還有溫泉，不同的季節都會盛開各種漂亮的鮮花。

此外，還盛產用來製作京都三大漬物之一「千枚漬的蕪菁」，有助於延年益壽的藥草螺絲菜也很有名。這裡的紅豆是日本第一！和島根縣的出雲大社同一個神明的神社——出雲大神宮，是能量景點。

來到龜岡，還可以吃到超長的霜淇淋，山裡還有英國村，可以烤肉，有明智光秀以前住的丹波龜山城。

龜岡兒童新聞

主編
竹內博士

龜岡是這樣的地方！

位在京都市旁，令和時代的昭和感！

龜岡可以玩保津川漂流，還有很多戶外的活動。歡迎大家都來玩吧！

基本上，就是一個什麼都沒有的地方。但至少有空氣，所以才有辦法活下去。龜岡有一種老舊的感覺，完全就是「令和時代的昭和」。如果以為龜岡和京都差不多，來了之後就會被這裡濃濃的鄉村感給嚇到。但只要三十分鐘，就可以到京都或大阪市區，所以算是離都市很近的鄉下地方。

這裡夜晚的星星很美，還有螢火蟲。早晨的霧很濃，在中午之前，都看不到前路。在這種日子去山上，就可以看到很美的雲海，讓人感受真的有神明的存在。這裡的水質很乾淨，自來水可以直接喝。

雖然龜岡人口不多，但髮廊超多，只不過街上還是經常可以看到頭髮亂蓬蓬的人。在這裡很容易交到朋友，附近的叔叔、阿姨幾乎都認識。反正龜岡就是一個好地方。

龜人悄悄話

◆ 行駛在龜岡的 JR 嵯峨野線上，如果不按下「開」「關」的按鈕，電車門就不會打開和關上。因為太習慣這種電車了，前不久去東京搭山手線時，還東張西望，在電車上拼命找按鈕，完全就是鄉下人進城，搞不清楚狀況。

◆ 不久前，我趕著出門，在出門前慌忙擦了口紅，沒想到拿到了口紅膠……我的嘴唇都黏了起來，急忙衝進廁所洗了半天。是叫我閉嘴的意思嗎？

◆ 聽朋友說，百圓商店大創有賣吸塵器。我特地轉了幾趟公車前往，結果根本沒有什麼吸塵器。回家之後，又問了那個朋友，結果他說是「Dyson」……

◆ 我原本想說「兩年前心肌梗塞，差點死掉」，結果說成了「兩年前近親相姦」，對方嚇傻了……口誤真的太抱歉了。

天｜真｜爛｜漫

在龜岡這種小規模的地方，發行貼近在地生活的報紙的話，差不多三年的時間，就幾乎把所有的題材都寫完了。但兒童新聞的題材，卻源源不斷。

這份報紙的特色，就是「從小孩子的觀點」看這個城市，從很多大人沒有發現的角度，來介紹這個城市。像是「庭園和公園的區別是什麼？」、「為什麼阿姨年紀越大，衣服就越花俏？」這些問題都很尖銳。

小孩子的觀察總是充滿驚奇，經常有新發現。這些擺脫「理所當然」、「常識」的領域，也讓大人受益匪淺。

有小孩子問：「為什麼非要讀書不可？」這該怎麼回答呢？要好好讀書才能回應這個問題。

這才是真正的
「龜岡兒童新聞」！！

龜岡真的發行了「龜岡兒童新聞」這份報紙，而且
每個月發行量是兩萬份，正面和反面都是彩色印
刷，夾在「京都新聞」這份報紙內。
尋找龜丸的活動很受歡迎，經常接到大人的投訴電
話說：「龜丸實在太小了，根本找不到！」

找出
「明智龜丸」
！

根據明智龜丸的生日月份「十月」，隱藏在本書中的十個明智龜丸，分別躲在：
13 頁 ANSWER 的 R 的窗戶內，27 頁的虛線上，38 頁 QUESTION 的 O 中，
50 頁的「有話要說」的後面，52 頁 QUESTION 的 Q 中，63 頁的悄悄話，83
頁「無法持續」的後面，93 頁回答最後的「加油！」，還有 96 頁 ANSWER
的旁邊，以及 117 頁的頁眉下方。

月租停車場
那是屬於名叫「月租」的黑道幫派的停車場。全國各地都有月租停車場，所以想必是超巨大、超可怕的幫派。

一富士二鷹三茄子
這才不是什麼新年第一場夢的吉利程度，而是山梨縣的三大名產。

年事高，賽龜殼
這也不是「薑是老的辣」的意思，而是上了年紀之後，就要像龜仙人一樣，把龜殼背在身上……的意思。

打鐵要趁熱
要趁鐵板還很燙的時候，煎大阪燒才好吃。

得來速
就是邀請別人一起去開車兜風的意思。

兒｜童｜記｜者｜的｜寶｜物

爸爸、媽媽
不要隨便丟掉

①看起來像恐龍化石的石頭。
②把黏膠和橡皮擦屑屑捏在一起的東西。
③用牛奶紙盒做的機器人。
④釣魚工具。
⑤撿到的鑰匙。

⑥看起來可以打架的木棒。
⑦彈珠汽水瓶裡取出的彈珠。
⑧漂亮的空盒子。
⑨蒐集的蟬殼。

第 3 章

很難不去注意
自身的狀況

Q UESTION

肩膀痠痛、頭痛、眼茫、白髮……
我覺得自己越來越老了！

\ 有話  要說 /

三十五歲之後，這些問題越來越嚴重了。
雖然知道是自然現象，但心情還是很憂鬱。

Answer

這是每個人的必經之路啊！只有你一個人在抱怨，最好該反省反省。小學生的書包也很重，肩膀也很痠痛，也會腰痠背痛，而且上課時要一直盯著黑板，眼睛也很花⋯⋯

既然身為一個人，有這些問題也無可奈何。每個人都會老，而且總有一天統統都會死掉。

去問老態龍鍾的人啊！

這種問題，
不要來問小孩子啦！

\ 悄悄話 /

爸爸、媽媽，我已經知道了。但是對我說話的語氣，可不可以溫柔一點？

UESTION

怎樣才能把房間整理乾淨呢？

\ 有話 要說 /

我的房間老是沒辦法保持乾淨。
雖然每次都想整理，但房間還是那麼亂。
到底該怎麼做，才能把房間整理乾淨呢？

那就找一個「只要房間弄亂，
就會超生氣的人」來監視，如何？

Answer

　　我們從小就有「整理時間」和「整理箱」，難道大人的世界沒有這種東西嗎？我上次問了爸爸這個問題，爸爸說他們的公司都找清潔公司的人來打掃。

　　這也太奇怪了吧！？我覺得自己的公司，應該要自己動手處理才對。把打掃公司的工作交給別人，才會導致整理能力低下吧！

　　你可以來我們學校當打掃值日生，一定可以學到超多整理的訣竅。

今年夏天又來不及減肥了。

雖然我試過很多方法，但完全瘦不下來。也加入了健身房的會員，但只要稍微瘦一點，就馬上復胖，所以讓我完全失去了動力，也懶得再去健身房了。

我想自己應該屬於易胖體質，而且也上了年紀（今年五十二歲）。

怎樣才能瘦下來呢？

問題是，即使瘦下來，
又怎麼樣呢？

要不要把時間用在
對他人更有幫助的事情
上呢？

A NSWER

你根本是不夠努力，而且絕對沒有想瘦下來吧！

我媽也整天把「我要瘦下來！」掛在嘴邊。但在家時，就像海獅一樣整天躺著，而且動作慢吞吞的。做菜的時候，試嚐味道也會吃過量。為了掩飾身材，她都穿寬鬆的衣服，但其實一眼就可以看出「她很胖」。

我覺得這個世界上的媽媽，絕對都沒有一個認真想減肥。因為媽媽們都「嚴以律人，寬以待己」。

看到剩飯剩菜會說：「好浪費喔！」然後全都吃下肚，這也是肥胖的原因。因為覺得自己「反正瘦不下來」，就放任越來越胖。

不管怎麼練，
高爾夫還是無法進步。

A

N
S
W
E
R

這 代表你沒有慧根吧？還是趁早放棄吧！要不
要考慮趁現在開始練槌球，為老後做準備？

我擔心連自己都養不活。

不管是小孩子、寵物還是植物，我什麼都沒養。
很擔心再繼續這樣下去，我連自己都養不活了。

建議你先養照顧起來比較簡單的金魚，然後再
試試看短時間照顧附近的小孩。也許可以增
加一些工作機會。加油囉！你已經是大人了。

QUESTION

....

我真的不會聊天，時常變成句點王。

....

 \有話　　　要說/

我非常不懂得聊天。
每次和別人聊天，會瞬間變成句點王。
別人問我問題，我也常常會說：
「嗯，是啊……」
然後便不了了之，接著就一片尷尬。
要怎樣才能和別人聊天更投入呢？

做一個人就能夠完成
的工作？

像是伐木工。

不需要說話也沒問題。

Answer

在學校，知道大家感興趣的事物，會讓人很受歡迎，所以可以努力尋找共同的喜好。另外，讓別人大吃一驚的事情也不錯，像是獨角仙一下子就死了，或是踩到狗屎卻沒想到完全不會臭，或是靜香的全名叫源靜香之類的話題就很棒。

你是不是都聊自己喜歡的話題呢？我學校的 S 同學也這樣，所以大家都很討厭他。你要多聆聽對方聊天，然後表現出很有興趣的樣子。

QUESTION

以前我兒子曾經問過我
年紀，我少說了一輪。

生長子時，我是高齡產婦。

他小時候曾經問我：「媽媽，你幾歲？」我便謊報年齡，少
說了一輪，我以為他很快就會發現。

沒想到他現在快十歲了，也完全沒有發現，還整天向他的同學炫耀：
「我媽媽很年輕！」我現在有點騎虎難下……

ANSWER

妳說謊就是不對，要好好反省！但妳兒子遲早會發現，絕對不可能一直相信妳比實際年齡小一輪。

我不知道妳為什麼希望看起來比較年輕，但這只是「虛榮」。因為每個人都會老，所以妳也會變成老太婆。

去買你兒子喜歡的禮物，
向他道歉之後，
再對他說實話。

\ 悄悄話 /

阿嬤說：「男人的浪漫會造成女人的不滿。」

QUESTION

我很容易喜新厭舊，
怎樣才能夠維持熱情呢？

我的興趣很廣泛，剛開始還好，但差不多半年到一年左右，就會感到膩了。有時候試過一次，便覺得滿足了。

許多人都對我說，任何愛好都要持之以恆……但我覺得很麻煩。

……我不懂。

我覺得這不是問別人就能解決的問題。

Answer

既然無法持續，不就代表並不是真正的興趣嗎？

不必考慮堅持不堅持的問題，可以不斷嘗試不同的事物，有朝一日，應該會遇到「這就是我最想做的事」。

\ 悄悄話 /

我一直以為職棒簡稱的央聯和陽（洋）聯，是代表中央聯盟和太陽聯盟。

QUESTION

. . . .

我太愛 INSTAGRAM，
愛到無法自拔。

. . . .

不隨時看 IG，我就會覺得很焦慮，所以我一定要看過所有朋友的 IG，而且也都會留言。

在上傳自己的照片時，也會一拍再拍，重拍好幾次。無論出門旅行還是出去吃飯，挑選的標準都是拍起來好不好看。

我覺得自己不至於「IG 中毒」，但偶爾還是會感到不安。我這樣很奇怪嗎？

第
3
章
・
很
難
不
去
注
意
自
身
的
狀
況

Answer

　　我平時會規定自己「一天只能玩兩個小時遊戲」、「寫完功課才能看 YouTube」，所以你也可以規定自己使用 IG 的時間。

　　我覺得 IG 是生活沒有很充實的人，假裝自己過得很光鮮亮麗，想讓別人覺得「好厲害」、「好羨慕」的社群媒體。老實説，真的很廢！對人生應該只有負面影響。

　　\ 悄悄話 /

雖然大人說：「要和大家當好朋友。」但其實大人自己也常常說別人的壞話。而且世界上的戰爭，也從來沒有消失過。

大人要先以身作則，和所有人當朋友才對。

QUESTION

我好像已經有加齡臭了。

我年紀約四十歲左右。之前會嘲笑老公身上有加齡臭。
但是有一天,我發現自己的臉上,出現一種好像老人的味道。
真是太令人傷心了!

#

　　要不要考慮用除臭劑洗臉呢？我的腳很臭，媽媽經常生氣地對我說：「先去用除臭劑把腳泡一下！」

　　話說回來，臉上有臭味真的太悶了吧！這就是大家常說的「臉很臭」嗎？也許只能經常洗臉，看能不能解決這個問題了。

　　絕對不要拼命噴香水。以前我搭電車時，曾經遇到一個阿姨渾身噴滿香水，我差點昏了過去。千萬不可以！香水味和汗臭味混在一起，會變成動物園的味道。

\ 悄悄話 /

「大人的應對」是什麼？就是隱藏真心嗎？

Q UESTION

・・・・・・・・・・・・・・・・・・・・・・・・・・・

我有多少薪水就花多少，
完全存不到錢！

・・・・・・・・・・・・・・・・・・・・・・・・・・・

我今年三十二歲，賺多少就花多少錢，聚餐、玩遊戲、買衣服
……男人有很多花費，再多的錢也不夠用，但我至少沒有負
債過日子，所以覺得自己比上不足，比下有餘。
只不過如果以後結了婚，就沒辦法這樣花錢了。

那就不要結婚啊！

或是娶一個有錢太太，
就可以少奮鬥幾十年。
不過，我想你應該沒這本事吧！

A NSWER

最好趕快找一個懂得理財的人結婚。但問題是，你連結婚的錢也沒有⋯⋯

要不要買一個無法打開的撲滿，每天開始存錢呢？我覺得對你來說，把錢交給別人管理絕對比較好。

我也沒辦法管理我自己的作業，所以想交給爸媽處理，結果被臭罵了一頓。別異想天開了！

QUESTION

有沒有什麼方法，可以讓我
不會整天想睡覺？

我是考生，但整天想睡覺。

平時要參加社團活動，寫完功課後，還要再為考試做準備，
真的是超累的。只不過我知道，這也是無可奈何的事。

也許是因為體力無法負荷，我整天都很想睡覺，有什麼方法可以讓
我保持清醒呢？

想像一下最討厭的人開心的樣子？

就會氣得整個人都清醒過來！

Answer

只要吃超辣的東西，我就會馬上清醒。也可以把曬衣夾當成耳環夾在耳垂上，既好看，又會因為很痛而清醒。還可以把橘子皮在眼前捏一下，讓汁液噴到眼睛裡。

還有還有，吃完飯很容易想睡覺，所以在讀書前不要進食。或是設計一個裝置，只要睡覺，就會有刀子飛過來，這樣就會害怕得不敢睡了。

想睡覺時，就開始做伏地挺身；這個方法也不錯，還可以增強體力，真是好主意！要不要試試晚上早點睡，早晨早點起床呢？

你有時間問這種問題，不是可以多背一個單字嗎？

QUESTION

無論做什麼都不順利，

讓我很沒自信。

 \ 有話 要說 /

我沒有什麼長處，就是一個很普通的女生。
朋友建議我，可以嘗試一下各種事物，
結果我每次都失敗，十分地沮喪，
事情反而變得越來越不順利。
怎樣才能建立自信呢？

A NSWER

　　要不要先找出自己喜歡的事呢？不管是睡午覺或是繞口令都可以。只要是自己真正喜歡的事，即使一次失敗，不是仍然可以堅持下去嗎？熱血網球選手松岡修造也曾經説：「一旦放棄，就結束了！」即使失敗，做好充分準備後，下次再挑戰。

　　在挑戰時，有三件事很重要：①積極蒐集各種資料。②凡事都要親身體驗（試了才知道！）③即使破產，也要堅持下去。堅持這三點，就可以逐漸建立信心。

　　我曾經聽説，「想像訓練」也很重要，想像自己「我可以做到！我可以做到！」的樣子，這樣就可以一步一步邁向成功。

　　絕對可以的，加油！

\ 悄悄話 /

只有「小孩子」才會對迎接生日、又長了一歲，感到高興。「大人」對生日過後又要長一歲，則是感到傷心。

QUESTION

我最討厭情人節，真希望世
界上沒有這個節日。

情人節根本只是巧克力廠商的生意手法，為什麼會對我的精神
造成這麼大的折磨？

回想起來，以前讀小學時，媽媽問我：「有沒有人送你巧克力？」
這句話成為我人生中第一次的失敗經驗。

隨著漸漸進入青春期，情人節當天，整個學校都洋溢著一股躁動的
感覺，而我好像置身事外，這也令我感到寂寞。踏入社會之後，雖
然公司的同事會送人情巧克力，但每年心情還是很惆悵。

. . . .

完全同意你的意見，這根本是巧克力廠商的陰謀，要無視這種日子才對。我覺得大家應該齊心協力，抵制情人節。

至於那些桃花很旺的人，就讓他們收巧克力收到手軟，吃巧克力吃到蛀牙，樂極生悲吧！而且吃一大堆巧克力還會發胖，肚子會變很大，又讓減肥產業有機會可以撈錢。

更何況這種節日很老派，如果不借助巧克力就無法告白，不是很沒出息嗎？不管是人情巧克力，還是朋友巧克力，大家都要花錢買巧克力，不是很浪費嗎？

應該要「廢除情人節」，這個主意太棒了！

. . . .

 \ 悄悄話 /

雖然大人常說「小孩子很吵」，但我覺得大嬸絕對更吵！

Q UESTION

愈來愈健忘，該怎麼辦呢？

我邁入花甲之年後，越來越健忘，對未來深感不安。
時常與孫子一起看動畫，卻仍然不記住動畫名，也
不記得藝人的名字，甚至連鄰居的名字也常想不起來。我
是不是失智了？那該怎麼辦？

A NSWER

要不要先去醫院檢查一下？如果檢查出來沒有
太大的問題，應該只是大腦的正常退化，這
是每個人都會遇到的情況。最好的方法就是勤做
筆記。

我正陷入人生谷底，有太多不開心的事。真是受夠了！

正因為有谷底，才能夠充分感受快樂的時光。人生就像電影，只要最後是圓滿結局就好。電影演到一半時的劇情波瀾壯闊、主角走投無路，不是更吸引人嗎？所以沒關係，你的人生一定也會成為一部精彩的作品。

Q UESTION

. . . .

我想矯正牙齒，
但又覺得很麻煩。

. . . .

\ 有話  要說 /

長大之後，我很在意牙齒不整齊，
但這對日常生活並沒有影響。
而且矯正牙齒也很花錢，聽說還很痛。
我到底該不該矯正呢？

先努力工作，變成超級有錢人，
有錢有閒的時候，
再去矯正牙齒也不遲。

我的乳牙可以先借你，
要不要？

ANSWER

牙齒不整齊沒關係，自己的人生能夠貫徹初衷更重要。

我們都支持你！超用力支持你！我們班導師也一口爛牙，牙齒參差不齊，還相互交叉，吃營養午餐時一直卡到牙縫。但班導師完全不在意，是不是超猛！

\ 悄悄話 /

雖然大人常常說，很羨慕小孩子很自由，但其實小孩子一點都不自由啊！因為必須聽爸媽的話；不想去學校時，不得不去上學；放學之後，還要去補習班。大人才自由吧！

本書是根據「龜岡兒童新聞」這份報紙編輯而成的。
貼身觀察兒童記者，是如何展開採訪工作？

首先在龜岡四處探險，尋找值得報導的店家和人物，然後再一起討論採訪的主題。意見分歧時，就用猜拳決定。

預約採訪這件事，就交給大人。因為以前兒童記者曾經試圖自己打電話去預約，結果因為太緊張，說話結結巴巴，被當成惡作劇電話。

採訪時，會帶筆記本和鉛筆，還要帶上袋子。因為如果在採訪的路上，看到漂亮的花或是西瓜蟲，就可以直接帶回家。

只要是好奇的事，都會逐一發問。「蒼蠅飛過去時，有辦法打死牠嗎？」、「你覺得人死了之後會怎樣？」問這些問題時，大人都很傷腦筋。把採訪內容寫在筆記本上，再進行整理後交給主編，就大功告成了。

這是採訪槌球時的情況。除此之外，還曾經採訪過無人機、導盲犬，去過很多地方。

第 4 章

即使變成了大人，
仍然有很多
不懂的事。

Q UESTION

· ·

難以融入年輕人的想法。

· ·

\ 有話  要說 /

完全無法理解時下年輕人的想法。
現在的年輕人，好像缺乏人情味，或者說沒有感情。
雖然同樣是人，但和年輕人的感覺差異實在太大。
真是太遺憾了……。

難道別人和自己
不同就不行嗎？

老人真可憐！

A NSWER

　　我們才無法理解老人的想法呢！每次要問什麼事，就會拿起電話，還會特地花時間去買東西。

　　要瞭解什麼事，不是只要上網查一下就知道了嗎？不需要花那麼多時間出門去買東西，網購不就能解決問題了？

　　總覺得老人的生活更花時間。雖然搞不懂哪一種生活方式才是正確的，但每個人都可以選擇自己喜歡的生活方式。

　　學校的人權課上也說，「接受彼此的不同，很重要」。

QUESTION

食安問題愈來愈嚴重，
真是令人不安。

\ 有話  要說 /

環境污染越來越嚴重，
到處都是加了很多添加物的食品。
我對這樣的現狀感到很不安，
不知道以後會變成什麼樣？
大家都不會感到害怕嗎？

Answer

………………………………………………………

　　這要看每個家庭的生活方針。

　　吃營養午餐時，有些家長會提出「我們家的孩子不喝牛奶」，或是「只吃國產食物」，所以每個人的情況都不同。

　　小孩子只能相信大人的判斷。即使吃到一些亂七八糟的東西，讓我們吃出問題，這也是大人要負責。所以希望大人的腦子能夠清晰一些。

………………………………………………………

＼悄悄話／

比起健康食品，不管是大人或小孩子，都還是喜歡垃圾食物。

朋友吃東西發出聲音，我該提醒嗎？

我朋友吃飯時，會一直發出咀嚼的聲音，也影響到旁邊的人。但這種事太敏感了，我也不好意思提醒她。

遇到這種事，只能直接提醒她。最好的方法，就是用手機錄音後放給她聽。因為如果當事人沒有察覺到這件事，當然也就無法改正。

我們為什麼會來到這個世界？

正因為認為來到這個世界是有意義的，所以只能努力發現意義。我想應該是為了幸福而來到人世，因為每個人都祈禱「希望我可以幸福」。

QUESTION

東京腔的標準語，
聽起來是否不夠 MAN 呢？

\ 有話  要說 /

我在東京出生，也在東京長大。
關西的人似乎普遍都覺得，
標準語聽起來很娘娘腔。
各位兒童記者也有同感嗎？

Answer

標準語，是指東京人說話的腔調和用字嗎？聽 DAIGO 說的時候，覺得很帥氣，但其他東京人說話時，確實有點不夠 MAN。

只不過也有人說，關西話聽起來「凶巴巴」、「很粗魯」。如果去外地時，各地都有自己的方言；同樣是日文，也有許多不同的種類。

只不過「標準語」這種說法，太讓人火大了！不過就是東京腔，為什麼東京會成為標準呢？真不是滋味啊！雖然東京有迪士尼樂園，讓人很羨慕（正確地來說，迪士尼樂園是在千葉縣，不是東京都）。

\ 悄悄話 /

爸爸駕照上的照片，超像通緝犯。

要怎麼和比我年長的部屬

相處呢？

我的部屬當中，有一個人比我年長，在面對新的事物總是意興
闌珊，讓我很頭痛。只要指出他工作上的錯誤，他就很生氣
地說：「沒有人告訴我。」

我能夠理解他以前身處在論資排輩的職場環境中，對於我年紀比他
小卻擔任主管，感到很不爽。但身為他的主管，我真的傷透了腦筋。

可以讓這個人當一次主管看看？

主管，請問這個問題，要怎麼處理？

他就會瞭解主管並不好當。

Answer

在現在這個時代，年齡、性別和國籍已經不重要了。無論有什麼身分背景，沒有能力就是沒有能力。

學校也有能力很差的老師。在我家附近的某某會長，也只是靠名字混飯吃，完全不做任何事。

我相信這個世界上，還有更多沒有能力的人。即使他年紀比較大，但既然是部屬，就應該嚴格要求。不中用的人，就是不中用！

QUESTION

希望這個世界能禁止別人問：
「你覺得我看起來幾歲？」

我對別人的年紀完全沒有興趣！雖然每次被問時，我都會說得比對方實際年齡小一些。

但猜年紀真的很煩，而且即使已經很小心了，結果說出來的年紀還是比對方的實際年齡大時，簡直超尷尬！

明明是對方問這種奇怪的問題，為什麼我要感到尷尬？每次想到這個，就越想越火大！

Aɴswer

不妨試著反問對方：「你希望看起來像幾歲？」

大人都這樣，所以不必去花心思猜對方到底幾歲，完全不需要浪費這種時間。

無論是誰，都一律回答：「二十歲！」

\ 悄悄話 /

插座的左右兩個孔有大有小。我在家裡發現這件事時，超震驚！

當大人好，還是當小孩子好？

當然是小孩子比較好啊！因為即使失敗，也可以得到原諒。基本上，小孩子都很可愛。大人根本不可愛，還很自以為了不起。而且爸爸每天出門上班，都一臉厭世的表情，一點都感受不到幸福！

114

幸福到底是什麼？
我越來越搞不懂了。

兒歌「幸福拍手歌」的歌詞不是說：「如果感
到幸福就拍拍手。」所以幸福，就是拍手？
但其實幸不幸福是由自己決定的。將幸福放在內
心，這種問題不需要問別人。你不妨回想一下，
自己在做什麼事最感到幸福？

怎樣才能讓年輕員工願意

繼續留下來？

公司裡的年輕員工接連辭職。我觀察了目前的領導階層和年輕員工的相處方式及指導方式，其實和我年輕時，上司、前輩對待後輩的方式完全相同，並沒有什麼問題。

現在的年輕人，只要稍微被數落幾句就想辭職，或是請醫院開診斷證明，請假休息。

如果年輕人工作努力，
就送一張貼紙吧！

太摳了吧！
至少要送小點心才行。

Answer

可以用加薪的方式留人啊！如果加薪還不行，就試著增加薪水以外的樂趣，年輕人就不會辭職了嘛！

我們也一樣，因為學校有除了讀書以外的樂趣，我們才會每天去上學。你們的公司應該除了薪水之外，完全沒有吸引人的地方吧？因為如果一家公司有迷人之處，誰會想要辭職呢？

除此以外，以前的想法只會讓年輕人感到厭煩，所以千萬不要再用那一套了。我爸爸也說：「現在已經是全新的工作形態。有些人的想法仍然停留在舊時代，所以這個社會才會永遠無法進步。」

QUESTION

活著，是什麼樣的感覺呢？

\ 有話 要說 /

當看到自己最喜歡的演員時，
我感覺到自己真真切切地活著。
請問各位兒童記者，
怎樣的瞬間讓你們有活著的感覺？

Answer

我認為是產生「我活著」的感情的時候。

像是開心的時候、快樂的時候、覺得「死白痴，太讓人火大了」的時候。這一切情緒的波動，都是活著的證明。

一旦失去了感情，就和死了沒什麼兩樣。

\ 悄悄話 /

有時大人情緒波動太大，常常會嚇到小朋友。就像我媽媽在罵人時，真的很像哥吉拉在吼叫。

UESTION

你們覺得當男人輕鬆，
還是當女人輕鬆？

我老公一回到家，就好像斷電一樣，口中喊著：「累死我了！」就懶洋洋地東躺西倒。家事和照顧孩子全都是我在做，一天二十四小時，三百六十五天全年無休。

男人經常說，他們要工作，還要應酬，所以很辛苦。但女人除了做家事，還要照顧孩子，絕對比男人更辛苦。

 NSWER

. . . .

　　無論是男人還是女人，都很辛苦。如果想請先生幫忙，可以用集點數的方式，集滿點數之後，就可以幫先生買他想要的東西。

　　除此以外，還可以在離婚證書上蓋好印章，隨時準備交出去。這樣一來，男人應該會幫忙做家事了。我爸媽吵架時，只要外公、外婆出面，爸爸就會乖乖道歉。這也是好方法之一喔！

　　想要對方主動幫忙，可能會有些不切實際。也可以像動畫電影《你的名字》一樣，雙方交換身分，體會一下對方的辛苦。

　　我們去採訪了龜岡市議會的變性人——赤坂瑪麗亞議員。發現變性人既是男人，又是女人，應該是最理想。

. . . .

 ＼悄悄話／

女生經常批評男生，而且總是把男生當壞人，又愛向老師亂告狀。真的是很討厭！

QUESTION

真的有屬於自己的天職嗎？

畢業後為了找工作，真的是累翻了。

據說目前是賣方市場，周圍的同學都陸續找到了工作，我卻一直收到不錄取通知。

目前選擇的這些公司，連自己都搞不懂為什麼要去應徵？更搞不懂工作的目的是什麼？

我怎麼可能知道你
適合做什麼工作？

不妨先決定「絕對不想做的事」。
除此以外，都可以試試看。

A NSWER

你沒有想要做的事或是夢想嗎？我想一定有適合自己的工作。

我的同學 S 功課很差，而且也很笨，但跑得很快。老師跟他説：「你可以當運動選手。」他聽了超高興的。

所以，你必定也可以找到自己擅長的事。

QUESTION

死亡令人害怕，該如何克服呢？

\ 有話  要說 /

隨著年紀越來越大，
能感覺到死亡離自己越來越近。
死亡實在太可怕了！

A NSWER

人死了之後，不是還可以去另一個叫「天堂」的世界嗎？這不是很令人期待！

從某種意義上來說，人只要活在世上，就有煩惱、有痛苦，日子也會過得比較辛苦。死了之後就不會有感覺了，說不定還比較輕鬆呢！

如果活在世上，卻一直想著「我好怕死」，這不是很不幸嗎？既然活著，就珍惜在有限的時間內，多想一些快樂的事吧！

\ 悄悄話 /

吃營養午餐時，大家都用猜拳決定，誰要把剩下的營養午餐吃完。我覺得很丟臉，所以一直不敢參加。但女生也有大胃王啊！

 UESTION

好媽媽和好爸爸的定義，

到底是什麼？

\有話 要說/

我一直竭盡心思地照顧孩子，
卻經常感到力不從心。
到底怎樣的媽媽才算是「好媽媽」？
怎樣的爸爸才算是「好爸爸」？

不知道怎樣的小孩才是
「好小孩」？

你聽我說。

聽說啊⋯⋯

人只能做自己力所能及的事。

Answer

好媽媽

漂亮、不生氣、做菜很好吃、貼心、溫柔、化妝不會很濃。

好爸爸

準時下班回家、很帥、有錢、溫柔、不怕麻煩，會陪我們玩、不會訓人、身上不會有奇怪的味道。

 \ 悄悄話 /

為什麼大人老是喜歡問：「你有什麼夢想？」、「你長大以後想當什麼？」

QUESTION

過度濫用友善，令人感到厭煩。

\ 有話 要說 /

雖然經常對孩子說：「對同學要友善。」
「要和大家都當朋友。」
但我想說句心裡話……
不需要為了友愛同學而扼殺自己，
不要勉強自己和所有人當朋友。

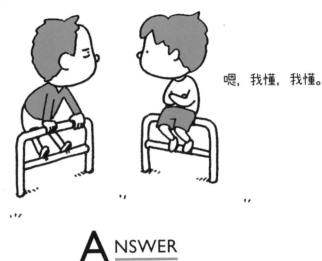

那些不會把「大人都會說的話」
掛在嘴上的人，比較值得信任。

嗯，我懂，我懂。

Answer

完全正確，因為有些討厭的人真的很厭煩。我媽媽常對我說：
「遇到即使努力，也無法喜歡的人，那就和他保持距離吧！」

但最近覺得爸爸很煩人，即使想要保持距離也不行，這件事讓
我超煩惱的。話說回來，這也不是第一次了，過一段時間，應該就
會和好了。

只要善待自己，應該就能夠善待別人吧！

QUESTION

....

對於未來的茫然與不安，

該如何排解？

....

\有話　要說/

不景氣、少子高齡化、災難頻傳……
我對於未來越來越不安。
各位兒童記者，該如何安排呢？

ANSWER

. . . .

能活在這世上，不就是一件很美好的事嗎？

我覺得自己才是人生的主人。即使發生了災難，也有人能夠繼續享受人生，覺得自己很幸福。

人生是掌握在自己的手上。

. . . .

\ 悄悄話 /

老實說，我媽媽卸妝之後，我覺得她長得超醜。

「龜岡兒童新聞」的兒童記者的採訪超犀利，經常能從他們嘴裡聽到「難吃」、「討厭」、「很無聊」之類的話。不留情面、說話直截了當、毫不修飾，卻往往一針見血。

「小孩子什麼都不懂」、「大人永遠都是對的」這種話並不正確。小孩子具備了大人漸漸遺忘的重要東西。你會不會覺得，與其和大人爭論，有時候小孩子不經意的一句話，反而點出了重點？

雖然他們有時候很殘酷，有時候又能夠在他們身上感受到，包容一切的大愛。小孩子真的是一種奇妙的生物！
我平時都是為企業舉辦各種溝通的研習。在大學畢業後的十年間，當過十年的報社記者，也遇見了各式各樣的「人」，也和這些「人」打交道。我強烈地體會到人生在世，溝通很重要，於是就投入了目前的工作。

隨著核心家庭漸漸成為主流，和社區的關係也逐漸淡薄，該如何教育目前的小朋友呢？我認為不是要求他們「不碰危險的事」，而是藉由「接觸各種不同的人，培養辨識他人的眼光和自我防衛能力」、「主動認識他人，開拓自己世界」，這才是真正的人生教育。

兒童可以透過「採訪」的行為學習，這就是我當初創辦「龜岡兒童新聞」的動機，同時也是一種新的嘗試，讓報紙從「傳播資訊的工具」轉變成「學習工具」。

如今已經邁入新的時代，很多傳統的方式遭受到了挑戰。正因為目前處於這樣的時代，擅長顛覆既有觀念的小孩，便顯得更加重要。

開始採訪囉！被兒童記者的天線捕捉到的主題和文字，今天也準備好要發出亮光了。大人們準備接招吧！

龜岡兒童新聞主編 **竹內博士**

大人的煩惱
由兒童記者來解答吧！

作　　者｜龜岡兒童新聞
繪　　者｜吉竹伸介 Shinsuke Yoshitake
譯　　者｜王蘊潔
發 行 人｜林隆奮 Frank Lin
社　　長｜蘇國林 Green Su

出版團隊
總 編 輯｜葉怡慧 Carol Yeh
日文主編｜許世璇 Kylie Hsu
企劃編輯｜許世璇 Kylie Hsu
責任行銷｜鄧雅云 Elsa Deng
裝幀設計｜木木Lin
版面構成｜張語辰 Chang Chen

行銷統籌
業務處長｜吳宗庭 Tim Wu
業務主任｜蘇倍生 Benson Su
業務專員｜鍾依娟 Irina Chung
業務秘書｜陳曉琪 Angel Chen、莊皓雯 Gia Chuang
行銷主任｜朱韻淑 Vina Chu

發行公司｜精誠資訊股份有限公司　悅知文化
　　　　　105台北市松山區復興北路99號12樓

訂購專線｜(02) 2719-8811
訂購傳真｜(02) 2719-7980
專屬網址｜http://www.delightpress.com.tw
悅知客服｜cs@delightpress.com.tw
ISBN：978-986-510-178-7
建議售價｜新台幣350元
初版二刷｜2023年03月

國家圖書館出版品預行編目資料

大人的煩惱，由兒童記者來解答吧！/
龜岡兒童新聞著；吉竹伸介繪；王蘊潔譯.
-- 臺北市：精誠資訊股份有限公司, 2021.09
　面；　公分
ISBN 978-986-510-178-7(平裝)
1.成人心理學 2.生活指導
173.3　　　　　　　110015174

建議分類｜人生哲學・心理勵志

HI！KOCHIRA KODOMO KISHA SOUDANSHITSU DESU!

Copyright © Hiroshi Takeuchi 2019

Illustration Copyright © Shinsuke Yoshitake 2019

All rights reserved

Original Japanese edition published in 2019 by SHINCHOSHA Publishing Co.,Ltd.

Complex Chinese Character translation copyright © 2021 by SYSTEX Co. Ltd.

Complex Chinese translation rights arranged with SHINCHOSHA Publishing Co.,Ltd.

through Future View Technology Ltd.

〔原書STAFF〕

龜岡兒童新聞(かめおか子ども新聞)

總　編　輯｜竹內博士 Hiroshi Takeuchi

兒童記者｜今村孔祐 Kousuke Imamura　　　渡辺大祐 Disuke Watanabe
　　　　　木曽大希 Daiki Kiso　　　　　　小林眞尋 Mahiro Kobayashi
　　　　　柴田　一 Hajime Shibata　　　　柴田　要 Shibata Kaname
　　　　　谷村穗果 Honoka Tanimura　　　畑遥　香 Haruka Hata
　　　　　俣野晧平 Kohei Matano　　　　　俣野淳至 Atsushi Matano

協　　　力｜亀岡市役所、亀岡商工会議所、有限会社、楠新聞舗

插　　　畫｜(P64):なないろあーと(竹內七恵)

悅知文化
Delight Press

線上讀者問卷 TAKE OUR ONLINE READER SURVEY

無論什麼煩惱，
都能一刀兩斷！
一本給大人看的解憂書！

—————《大人的煩惱，由兒童記者來解答吧！》

請拿出手機掃描以下QRcode或輸入
以下網址，即可連結讀者問卷。
關於這本書的任何閱讀心得或建議，
歡迎與我們分享 ☺

https://bit.ly/3cHlTQH